Die rechtliche Natur des Arbeiterschutzes.

Von

Dr. Walter Kaskel,

Privatdozent an der Universität Berlin.

Sonderabdruck aus der Festschrift der Berliner Juristenfakultät
für Heinrich Brunner.

München und Leipzig.
Verlag von Duncker & Humblot.
1914.

Pierersche Hofbuchdruckerei Stephan Geibel & Co., Altenburg, S.-A.

Der Arbeiterschutz ist die Schwesterwissenschaft der Arbeiterversicherung. Wie die Arbeiterversicherung verdankt er seine Entstehung der industriellen Entwicklung des vorigen Jahrhunderts, die zahlreiche früher selbständige Kleinmeister zu unselbständig beschäftigten gewerblichen Arbeitern umschuf. Die ungünstige wirtschaftliche Lage dieses neuen Berufsstandes war der hauptsächlichste Anlaß zur Aufrollung der sogenannten sozialen Frage, zu deren Lösung fast alle Kulturstaaten zu einer Gesetzgebung schritten, die als „Arbeiterschutz" bzw. als „Arbeiterversicherung" bezeichnet wird. Der Unterschied beider Materien liegt darin, daß die Maßnahmen des Arbeiterschutzes den Eintritt eines Schadens vorbeugend verhüten, die Maßnahmen der Arbeiterversicherung dagegen den eingetretenen Schaden hinterher heilen oder lindern sollen[1]).

Sowohl der Arbeiterschutz wie die Arbeiterversicherung bestehen aus Rechtssätzen im technischen Sinne und bilden je ein eigenes Rechtsinstitut. Insoweit besteht nirgends ein Zweifel. Zweifel und Streit herrschen aber darüber, welcher Art diese neuen Rechtsinstitute sind, und welche Stellung sie im Rechtsganzen einnehmen.

Die rechtswissenschaftliche Behandlung dieser Frage war indessen bezüglich beider Institute eine sehr verschiedene. Während über die Rechtnatur der Arbeiterversicherung eine umfangreiche Literatur angewachsen ist und die hier in Betracht kommenden Fragen, wenn auch nicht endgültig geklärt, so doch von allen Seiten beleuchtet worden sind, ist die Frage nach der Rechtsnatur des Arbeiterschutzes noch juristisches Neuland. Und doch

---

[1]) Vgl. Kaskel-Sitzler, Grundriß des sozialen Versicherungsrechts, S. 2; v. Zwiedineck-Südenhorst, Arbeiterschutz u. Arbeiterversicherung, 2. Aufl., S. 5/6; Ders., Sozialpolitik, S. 244.

sind, wie ein kürzlich erschienener Aufsatz von Jastrow: „Was ist Arbeiterschutz?"¹) zeigt, die hier bestehenden Schwierigkeiten nicht geringer als auf dem Gebiete der Arbeiterversicherung.

I.

Der Arbeiterschutz hat keine einheitliche Geburtsstunde aufzuweisen wie die Arbeiterversicherung, die an das gesetzgeberische Programm anknüpft, das in der Kaiserlichen Botschaft vom 17. November 1881 enthalten war. Der Arbeiterschutz hat sich vielmehr stückweise und schrittweise entwickelt.

Mit dem Namen „Arbeiterschutz" hat man daher nicht von vornherein wie mit dem Namen „Arbeiterversicherung" ein bestimmtes Rechtsinstitut bezeichnet, anfangs verstand man vielmehr unter Arbeiterschutz alle Maßregeln zur Hebung der Lage der Arbeiter: Einrichtung von Fabrik- und Pensionskassen, Errichtung von Arbeiterkrankenhäusern, Arbeitsnachweisstellen, Maßregeln zur möglichst gefahrlosen Einrichtung von Maschinen, Beschränkung der Kinderarbeit, Verbot der Lohnbeschlagnahme, günstigere vertragliche Bedingungen über die Kündigung des Arbeitsvertrages, alles wurde mit dem Sammelnamen „Arbeiterschutz" bezeichnet. Ein besonderer Begriff bildete sich erst, als im Anfang der 80er Jahre des vorigen Jahrhunderts die Arbeiterversicherung entstand und der Arbeiterschutz zu Beginn der 90er Jahre diesem neuen Rechtsinstitut als ein besonderer Rechtsbegriff bewußt gegenübergestellt wurde. Im Kaiserlichen Erlaß vom 4. Februar 1890 wurde ausdrücklich ausgesprochen, daß die Versicherungsgesetzgebung „nicht die ganze gestellte Aufgabe erfülle", und ein neues gesetzgeberisches Programm aufgestellt. Die Ausführung dieses Programmes geschah durch das Gesetz vom 1. Juni 1891, und dieses Gesetz, das formell nur eine Novelle zur Gewerbeordnung, nämlich eine Neufassung und Ergänzung ihres siebenten Titels enthielt, wurde im Gegensatz zu den Arbeiterversicherungsgesetzen allgemein als „das Arbeiterschutzgesetz" bezeichnet. Seitdem bezeichnet das Wort „Arbeiterschutz" ein eigenes Rechtsinstitut²).

---

¹) Archiv für Rechts- und Wirtschaftsphilosophie. Band VI. S. 133—144, 317—333, 501—513.

²) Zu vgl. hierzu die Ausführungen von Jastrow a. a. O. S. 133 ff. Beachtlich ist, daß Jastrow nach seinen persönlichen Erinnerungen, die bei dem fast völligen Versagen gedruckter Aufzeichnungen von besonderer Bedeutung sind, noch im Jahre 1895 die Begriffe „Arbeiterversicherung" und „Arbeiterschutz" nicht voneinander unterschied, und daß auch Braun, der

II.

Zur Aufstellung einer eigentlichen Theorie über den Begriff des Arbeiterschutzes kam es freilich vorläufig noch nicht. Doch nahmen die Lehr- und Handbücher des Verwaltungsrechts die Darstellung der Bestimmungen des Arbeiterschutzgesetzes in den Kreis der von ihnen behandelten Materien auf, und zwar behandelten sie diese Bestimmungen bei der Gewerbepolizei[1]), woraus der Schluß gerechtfertigt sein dürfte, daß die Arbeiterschutzbestimmungen zunächst als ein Bestandteil der gewerbepolizeilichen Bestimmungen angesehen wurden.

Mit dieser Rubrizierung war freilich für eine Theorie des Arbeiterschutzes wenig gewonnen. Sie knüpfte im wesentlichen daran an, daß den zur Durchführung des Arbeiterschutzes berufenen Organen, den Fabrikinspektoren, polizeiliche Befugnisse zustanden, und daß ihr Tätigkeitsgebiet sich im Rahmen des Gewerberechts bewegte. Das waren indessen lediglich äußerliche Momente. Dagegen wurde diese Konstruktion dem eigenartigen sozialen Charakter des neuen Rechts nicht gerecht, das bewußtermaßen als ein Seitenstück zur Arbeiterversicherung geschaffen war. Auch scheiterte sie an der scheinbaren Verbindung zivilrechtlicher und gewerbepolizeilicher Momente, auf die bereits Laband[2]) hingewiesen hatte. Gerade diese Verbindung bereitete einer einheitlichen Begriffsbildung Schwierigkeiten[3]). So meinte van Zanten[4]), es sei die Arbeiterschutzgesetzgebung „die Gesetzgebung, welche den Arbeiter gegen aus dem Verhältnis zu seinem Arbeitgeber hervorgehende Nachteile zu schützen bestimmt ist. Sie geht also von der Voraussetzung aus, daß dem Arbeiter aus diesem Verhältnis Nachteile entstehen, welche durch Gesetze zu bekämpfen sind; und diese Gesetze müssen, um eine ausreichende Hilfe zu schaffen, das ius dispositivum des Arbeitsvertrages in ein ius cogens umändern. Die

---

sich, wie Jastrow erzählt, hierüber entsetzte, für seine abweichende Ansicht keine Gründe anzugeben wußte.

[1]) Vgl. insbesondere Laband, Das Staatsrecht des Deutschen Reiches, Bd. III, § 78; Georg Meyer, Deutsches Verwaltungsrecht, 2. Aufl., § 137; Seydel-Schecher, Gewerbepolizeirecht, S. 187 ff.

[2]) Das Staatsrecht des Deutschen Reiches, 5. Aufl., Bd. III, S. 233/34; vgl. ferner Baum, Das Recht des Arbeitsvertrages, S. 34 ff.

[3]) Vgl. insbes. Schenkel (Fleischmann) im Wörterb. d. dtsch. Staats- u. Verwaltungsrechts, 2. Aufl., Bd. I, S. 151.

[4]) van Zanten, Die Arbeiterschutzgesetzgebung in den europäischen Ländern. Jena 1902.

Gesetze sind daher (!) meistens öffentlichrechtlicher Natur. Da aber die Schutzgesetzgebung sich mit allen Teilen des Vertrages, dem Eintritt, den gegenseitigen Verpflichtungen und dem Austritt beschäftigt", so will er „nebst den öffentlichrechtlichen Bestimmungen auch die zivilrechtlichen über den Arbeits- oder Dienstvertrag oder die Dienstmiete behandeln, damit man ein vollständiges Bild des Arbeitsverhältnisses bekommt".

Einen wesentlichen Fortschritt zur Bildung einer Theorie vom Arbeiterschutz und zum Verständnis der Beziehung der „gewerbepolizeilichen" und „zivilistischen" Momente brachte das großangelegte Werk von Lotmar über den Arbeitsvertrag[1]), der dem Arbeiterschutz eine Stätte im Arbeitsvertrag anwies. Eine eigentliche Definition des Arbeiterschutzes hat Lotmar zwar nicht gegeben. Aber er behandelt ihn als Bestandteil des Arbeitsvertragsrechtes, und zwar als die Beschränkung der Freiheit des Arbeitsvertrages. Der Arbeitsvertrag ist nach Lotmar der zweiseitige Vertrag, in welchem Arbeit gegen Entgelt versprochen wird. Bezüglich der Art und des Umfanges der Arbeit, welche vom Arbeitgeber verlangt werden kann, bestehen Beschränkungen, mögen diese Beschränkungen auf vertraglicher Vereinbarung, auf Tarifvertrag oder auf Gesetz beruhen. Unter den gesetzlichen Beschränkungen der Vertragsfreiheit bezüglich der Arbeitsverträge werden die Vorschriften des Arbeiterschutzgesetzes und seine Ergänzungen behandelt.

Seitdem wird in den Darstellungen des Rechtes des gewerblichen Arbeitsvertrages das Recht des Arbeiterschutzes mitbehandelt, ohne daß freilich eine ausdrückliche Definition des Arbeiterschutzes gegeben wird, so in den Darstellungen von Burchardt[2]), Baum[3]), Prenner[4]), Wissell[5]), Zahnbrecher[6]). Alle diese Darstellungen geben freilich kein erschöpfendes Bild des Arbeiterschutzes, sie scheiden vielmehr einen wichtigen Bestandteil des Arbeiterschutzes, den Betriebsschutz, als nicht zum Arbeitsvertrag gehörig, aus[7]), während um-

---

[1]) Band I 1902, Band II 1908.
[2]) Die Rechtsverhältnisse der gewerblichen Arbeiter, 2. Aufl., bearbeitet von O. Schulz. Berlin 1911.
[3]) Das Recht des Arbeitsvertrages. Leipzig 1911.
[4]) Der gewerbliche Arbeitsvertrag. München 1906.
[5]) Der Arbeitsvertrag. Berlin 1912.
[6]) Der gewerbliche Arbeitsvertrag. Kempten u. München 1913.
[7]) Kurze Notizen bei Burchardt a. a. O. S. 59, Baum a. a. O. S. 65, Wissell a. a. O. S. 43.

gekehrt andere Bearbeiter bei Darstellung des Arbeiterschutzes ausschließlich den Schutz gegen Betriebsgefahren, den „Arbeiterschutz im engeren Sinne"[1]), behandelt haben[2]).

Den Abschluß dieser Entwicklung scheint der oben angeführte Aufsatz von Jastrow zu bilden, der den Arbeiterschutz in bewußter Anknüpfung an Lotmar definiert als „die gesetzliche Beschränkung des Arbeitsvertrages zum Schutz der Arbeiter" und Seite 321 die Sätze aufstellt: „Für die Frage, wo der Arbeiterschutz seine Heimat findet, dafür hat Lotmar einen literarischen Zustand herbeigeführt, der für absehbare Zeit als endgültig zu betrachten ist ... Er hat alles, was man als Arbeiterschutz zu bezeichnen sich gewöhnt hatte, mit den privatrechtlichen Grundlagen des Vertragsrechts architektonisch so fest verbunden, daß die Verbindung nicht mehr zu lösen war. Ein gänzlich veränderter literarischer Zustand im Verhältnis zu der Zeit, wo der Arbeiterschutz als Bestandteil des gewerblichen Polizeirechts erschien. Mag diesem für den Ursprung des Arbeiterschutzes, für die Erzwingung neuer Arbeiterschutzgesetze und für einen Teil der Durchführungsmaßregeln ein größerer oder geringerer Einfluß zugeschrieben werden — literarisch wissenschaftlich kann seit Lotmar kein Zweifel mehr sein: sedes materiae für das Recht des Arbeiterschutzes ist das Arbeitsvertragsrecht."

Ist die Frage damit wirklich endgültig gelöst?

III.

Bei einer Untersuchung der Rechtsnatur des sogenannten Arbeiterschutzes darf man sich nicht durch den Namen „Schutz" beirren lassen. Gewiß, das Ziel war der Schutz der Arbeitnehmer. Und in der Schwierigkeit der Verwirklichung dieses Schutzes lag sozialpolitisch das ganze Problem. Dieser sozialpolitisch erstrebte Schutz hat nun aber auf dem Wege der rechtlichen Regelung, durch die Schaffung eines Rechtsinstitutes, seine Verwirklichung gefunden. Der Weg, die Rechtsnatur des Arbeiterschutzes zu bestimmen, muß daher der sein, zu fragen, mit welchen juristischen Mitteln hat man jenes Ziel eines sozialpolitischen Schutzes zu erreichen gesucht[3]).

---

[1]) von Finckh, Handlexikon der sozialen Gesetzgebung, S. 26.

[2]) So Hartmann in „Soziale Kultur und Volkswohlfahrt während der ersten 25 Regierungsjahre Kaiser Wilhelms II." Berlin 1913.

[3]) Unberücksichtigt bleiben daher hier die nicht juristischen, sondern volkswirtschaftlichen Definitionen des Arbeiterschutzes, wie die von

Die von Lotmar begründete und von Jastrow ausgebaute Theorie würde diese Frage dahin beantworten, das juristische Mittel sei eine Beschränkung der Vertragsfreiheit des Arbeitsvertrages gewesen. Dann wäre also das mit dem Namen „Arbeiterschutz" bezeichnete Rechtsinstitut die Gesamtheit der Normen über die Einschränkung der Freiheit des Arbeitsvertrages[1]). Diese Konstruktion reicht aber nicht aus, um alle Vorschriften über Arbeiterschutz darin unterzubringen.

Der Arbeitsvertrag ist ein obligatorischer Vertrag. Ein solcher Vertrag hat zum Inhalt die Verpflichtung der Kontrahenten, einander (oder einem Dritten) Leistungen zu gewähren. Eine Beschränkung der Vertragsfreiheit könnte also nur darin bestehen, daß bestimmte Leistungen nicht oder nicht in der Art ausbedungen werden dürfen. Der Arbeiterschutz enthält aber eine große Anzahl von Bestimmungen, die über diesen Rahmen weit hinausgehen[2]).

Wohl war ein Teil jener Mittel zur Hebung der sozialen Lage der Arbeiter, die man früher mit dem Sammelnamen „Arbeiterschutz" bezeichnete, die Regelung des Arbeitsvertrages, der gegenseitigen, aus der Vereinbarung der Kontrahenten über

---

Zwiedineck-Südenhorst, Sozialpolitik, S. 244, Arbeiterschutz und Arbeiterversicherung, S. 2, welcher unter Arbeiterschutz versteht „alle wirtschafts- und sozialpolitischen Maßnahmen (Normen und Einrichtungen), die darauf gerichtet sind, Schädigungen irgendwelcher Art, denen der unselbständige Arbeiter durch seine Berufsstellung und in seiner beruflichen Beschäftigung ausgesetzt ist, hintanzuhalten, d. h. ihnen vorzubeugen". Vgl. ferner Köppe, Das Arbeiterschutzrecht, im Handbuch der Politik, Band II, S. 379: „Der Schutz des Menschen im Arbeiter gegen die mannigfachen Gefahren, die ihn bei und infolge seiner Berufstätigkeit bedrohen"; von Wiese, Sozialpolitik, S. 9: „Die gesetzlichen Vorschriften, die das Arbeitsverhältnis unmittelbar erfassen"; v. Finckh, Handlexikon der sozialen Gesetzgebung: „Die gesetzgeberischen Maßnahmen, die bezwecken, den Arbeiter vor den körperlichen, geistigen und wirtschaftlichen Schädigungen seines Berufes nach Möglichkeit zu schützen"; Elster im Handwörterbuch der Staatswissenschaften, Art. Arbeiterschutzgesetzgebung: „Sie sucht die Arbeiter vor einer Benachteiligung ihrer berechtigten Interessen zu wahren"; Schenkel(Fleischmann) a. a. O. S. 150: „Entscheidend ist, daß ein Schutz des im unselbständigen Dienstverhältnis befindlichen in persönlicher und wirtschaftlicher Beziehung bezweckt wird".

[1]) So in der Tat Sombart, Die gewerbliche Arbeiterfrage, S. 73.
[2]) Dies verkennt Jastrow a. a. O. S. 318 u. 322, wenn er meint, der Arbeiterschutz hätte an Gegenständen nichts aufzuweisen, was nicht jede Lehre vom Arbeitsvertrage ebenfalls aufweisen müßte, eigentümlich sei ihm nicht irgendein Gegenstand, sondern nur die Art der Erledigung (nämlich durch gesetzlich zwingende Vorschriften). Vgl. aber S. 329.

Arbeit und Lohn sich ergebenden Rechte und Pflichten, und gerade im Arbeiterschutzgesetz, also im siebenten Titel der Reichsgewerbeordnung, finden wir eine Reihe derartiger Bestimmungen. Diese Regelung besteht darin, daß eine Anzahl von Rechtssätzen über den Arbeitsvertrag zum zwingenden Recht erhoben wird und demgemäß durch Vereinbarung der Kontrahenten nicht mehr abgeändert werden kann. So die Sätze über die Aufrechnung, die Verwirkung, die Einbehaltung des Lohnes, die Ausbedingung von Vertragsstrafen, die Kündigung des Vertrages usw. Alle diese Bestimmungen haben die gegenseitigen Rechte und Pflichten der Kontrahenten aus dem Vertrage zum Gegenstande, und unterliegen im Streitfall, wenn der eine nicht leistet oder nicht unterläßt, was der andere auf Grund des Vertrages bzw. auf Grund des insoweit gesetzlich festgestellten Vertragsinhalts als Leistung oder Unterlassung verlangen zu dürfen glaubt, wie jeder Streit über die Verletzung von Verträgen der Kognition der Gerichte.

Aber die im Arbeiterschutzgesetz und seinen Ergänzungen enthaltenen Normen zur Hebung der sozialen Lage der Arbeiter beschränken sich nicht lediglich auf die zwingende Regelung der gegenseitigen Rechte und Pflichten aus dem Arbeitsvertrage. Diese Gesetzgebung hat vielmehr neben der Regelung der gegenseitigen Rechte und Pflichten aus dem Arbeitsvertrage auch **einseitige Pflichten für die Arbeitgeber statuiert, welche nicht der Gegenpartei gegenüber bestehen,** auf deren Erfüllung diese einen eigenen Anspruch aus dem Vertrage überhaupt nicht hat, Pflichten, die völlig außerhalb des Vertrages bestehen, die vielfach sogar in Fällen vorgesehen sind, in denen ein Arbeitsvertrag gar nicht abgeschlossen ist, ja deren Erfüllung sich geradezu gegen den Gegenkontrahenten des Arbeitsvertrages richtet.

So wird der Arbeitgeber vielfach verpflichtet, bestimmte Bücher, z. B. Kontrollbücher über Erkrankung der Arbeiter oder Überstunden, zu führen und den Aufsichtsbeamten vorzulegen[1]), seine Arbeiter ärztlich überwachen zu lassen[2]), Arbeiter,

---

[1]) Vgl. z. B. die Bekanntmachungen des Reichskanzlers betr. Einrichtung und Betrieb von Anlagen zur Herstellung elektrischer Akkumulatoren aus Blei oder Bleiverbindungnn vom 6. Mai 1908 (R.G.Bl. S. 172) § 19, betr. Einrichtung und Betrieb von Anlagen zur Herstellung von Alkalichromaten vom 16. Mai 1907 (R.G.Bl. S. 233) § 14, betr. Einrichtung und Betrieb von Anlagen zur Herstellung von Bleifarben oder anderen Bleiprodukten vom 26. Mai 1903 (R.G.Bl.

die mit Krankheiten behaftet sind oder sich den Gefahren bestimmter Betriebe gegenüber minder widerstandsfähig zeigen, von der Arbeit auszuschließen[1]), den Arbeitern den Aufenthalt in bestimmten Räumen zu verbieten[2]), das Mitbringen von Nahrungsmitteln in den Arbeitsraum oder Verzehren von Speisen daselbst zu untersagen[3]), Vorschriften über das persönliche Verhalten der Arbeiter zu erlassen und ihre Durchführung zu beaufsichtigen[4]). In allen diesen Fällen kann der Arbeitnehmer, der Gegenkontrahent des Arbeitsvertrages, nicht der Leistungsberechtigte sein, dem gegenüber jene Pflicht des Arbeitgebers besteht. Noch klarer geht dies aus dem Kinderschutzgesetz[5]) hervor. Schützt doch dieses Gesetz nicht nur fremde Kinder, mit denen bezw. mit deren gesetzlichen Vertretern ein Arbeitsvertrag abgeschlossen sein kann, sondern auch die eigenen Kinder[6]).

S. 225) § 19, betr. Einrichtung und Betrieb von Bleihütten vom 16. Juni 1905 (R.G.Bl. S. 545) § 19, betr. Betriebe, in denen Maler-, Anstreicher-, Tüncher-, Weißbinder- oder Lackiererarbeiten ausgeführt werden, vom 27. Juni 1905 (R.G.Bl. S. 555) § 11, betr. Einrichtung und Betrieb von Anlagen, in denen Thomasschlacke gemahlen usw. wird, vom 3. Juli 1909 u. 23. Dezember 1911 (R.G.Bl. S. 543 bzw. 1153) § 17, betr. Einrichtung und Betrieb gewerblicher Anlagen zur Vulkanisierung von Gummiwaren vom 1. März 1902 (R.G.Bl. S. 59) § 14, betr. Einrichtung und Betrieb der Zinkhütten und Zinkerzröstütten vom 13. Dezember 1912 (R.G.Bl. S. 564) § 13, betr. Einrichtung und Betrieb der Roßhaarspinnereien usw. vom 22. Oktober 1902 (R.G.Bl. S. 269) § 8.

[2]) Vgl. die gleichen Verordnungen für Akkumulatoren § 18, Alkalichromate § 11, Bleifarben § 18, Bleihütten § 18, Malerwerkstätten § 10, Thomasschlackenmühlen § 16, Vulkanisierung von Gummiwaren § 13, Zinkhütten § 12.

[1]) Vgl. die in der vorhergehenden Anmerkung angeführten Belegstellen.

[2]) Vgl. z. B. die angeführten Verordnungen über Thomasschlackenmühlen § 11, Vulkanisierung von Gummiwaren §§ 2, 8 u. 9, sowie die Bekanntmachung des Reichskanzlers betr. Einrichtung und Betrieb der zur Anfertigung von Zigarren bestimmten Anlagen vom 17. Februar 1907 (R.G.Bl. S. 34) § 4 Nr. 2.

[3]) Vgl. z. B. die angeführten Bekanntmachungen des Reichskanzlers über Akkumulatoren § 20 Nr. 1, Alkalichromate § 15 Nr. 1, Bleifarbenfabriken § 20 Nr. 2, Bleihütten § 20 Nr. 1, Roßhaarspinnereien § 16 Nr. 2, Thomasschlackenmühlen § 18, Vulkanisierung von Gummiwaren § 15 Nr. 1, Zinkhütten § 14.

[4]) Vgl. z. B. die angeführten Bekanntmachungen des Reichskanzlers über Akkumulatoren § 20, Alkalichromate § 15, Bleifarbenfabriken § 20, Bleihütten § 20, Malerwerkstätten § 9, Roßhaarspinnereien § 16, Thomasschlackenmühlen § 18, Vulkanisierung von Gummiwaren § 15, Zigarrenfabriken § 10, und die Bekanntmachung betr. Einrichtung und Betrieb der Buchdruckereien und Schriftgießereien vom 31. Juli 1897, 5. Juli 1907 und 22. Dezember 1908 (R.G.Bl. S. 614 bzw. 405 bzw. 654) unter I 13.

[5]) Gesetz betr. Kinderarbeit in gewerblichen Betrieben vom 30. März 1903 (R.G.Bl. S. 113).

[6]) §§ 12 ff.

Mit anderen Worten: Legt dieses Gesetz doch den Arbeitgebern die Verpflichtung auf, Personen, mit denen ein Arbeitsvertrag überhaupt nicht abgeschlossen ist, nur in bestimmter Weise und zu bestimmten Zeiten zu beschäftigen und jede andere Beschäftigung zu unterlassen. Wie sollten diese Vorschriften aber eine Beschränkung der Vertragsfreiheit enthalten, da ein Arbeitsvertrag, der beschränkt werden könnte, überhaupt nicht abgeschlossen ist. Das gleiche gilt für das Hausarbeitgesetz, das solchen Arbeitgebern Pflichten auferlegt, die ausschließlich zu ihrer Familie gehörige Personen beschäftigen, ohne daß die Beschäftigung auf Grund eines gewerblichen Arbeitsvertrages stattfindet, sondern wo lediglich eine tatsächliche Hilfeleistung vorliegt[1]. Am klarsten endlich geht die Unrichtigkeit der Konstruktion des Arbeiterschutzes als Beschränkung der Freiheit des Arbeitsvertrages aus der Bestimmung hervor, daß der Arbeitgeber solche Arbeiter, welche bestimmten Vorschriften des Gesetzes, der Arbeitsordnung oder der vom Unternehmer erlassenen Vorschriften über die Ordnung im Betriebe zuwiderhandeln, z. B. über Einnehmen der Speisen außerhalb des Arbeitsraumes oder über Benutzung der Waschgelegenheit, nicht nur sofort entlassen darf, sondern sofort **entlassen muß**[2]. Daß eine solche Verpflichtung zur Entlassung im Vertrage zwischen Arbeitgeber und Arbeiter kraft zwingender gesetzlicher Vorschrift ausbedungen werden müßte und daß nunmehr der zu entlassende Arbeiter auf die Einhaltung dieser Verpflichtung ein Recht haben sollte, ist ausgeschlossen. Und da die Befolgung jener Bestimmungen lediglich den Schutz des Arbeiters selbst, nicht aber den seiner Mitarbeiter zum Gegenstande hat, die keinerlei eigenes Interesse daran haben, daß der Arbeiter von der Waschgelegenheit den vorgeschriebenen Gebrauch macht oder die Mahlzeit außerhalb des Arbeitsraumes einnimmt, so kann es sich auch nicht um eine Vertragsbestimmung zugunsten Dritter handeln.

Die Pflichten der Arbeitgeber erschöpfen sich demnach nicht in solchen Pflichten, die ihnen auf Grund des Arbeitsvertrages gegen-

---

[1] Vgl. Hausarbeitgesetz vom 20. Dezember 1911 (R.G.Bl. S. 976) § 1 Abs. I Nr. 2 und Begründung zum Entwurf eines Hausarbeitsgesetzes S. 6.

[2] Vgl. z. B. die angeführte Bekanntmachung des Reichskanzlers für Bleifarbenfabriken § 21 Abs. 2 und die Vorschriften des Preuß. Ministers für Handel und Gewerbe über Einrichtung und Betrieb der Spiegelbeleganstalten vom 18. Mai 1889 und 22. August 1893 (Hand.Min.Bl. S. 77 bzw. 270) § 20 Abs. 2.

über dem Arbeitnehmer obliegen, sondern gehen darüber hinaus. Inwiefern diese Pflichten darüber hinausgehen, ergibt die Entstehungsgeschichte des Arbeiterschutzes. Der äußere Anlaß der sozialen Schutzgesetzgebung war das öffentliche Interesse, das die Allgemeinheit an der Hebung der Lage, „dem Schutz" der Arbeitnehmer nahm. Einem öffentlichen Interesse der Allgemeinheit wird bei einer rechtlichen Regelung in der Weise entsprochen, daß es zu einem Recht der Allgemeinheit umgeformt wird, d. h. daß dem einzelnen gegenüber der Gesamtheit bzw. gegenüber der diese Gesamtheit repräsentierenden Staatsgewalt bestimmte öffentlichrechtliche Pflichten auferlegt werden. Dem Interesse der einzelnen wurde durch eine teilweise zwingende Regelung der gegenseitigen privatrechtlichen Rechte und Pflichten aus dem Arbeitsvertrage entsprochen, dem Interesse der Allgemeinheit durch die **Aufstellung von einseitigen öffentlichrechtlichen Pflichten gegenüber der Staatsgewalt**, auf deren Erfüllung der Arbeitnehmer als solcher, als Vertragskontrahent, kein Recht hat, und die im Fall der Leistungsverweigerung auch nicht im Wege des Prozesses und der Zwangsvollstreckung durch die Organe der Gerichtsbarkeit verwirklicht werden, sondern deren Erfüllung allein der Staat verlangen kann und deren Durchsetzung daher im Wege der staatlichen Aufsicht, des polizeilichen Zwanges und der Bestrafung geschieht. Die Gesamtheit dieser öffentlichrechtlichen Pflichten gegenüber der Staatsgewalt bildet den sogenannten Arbeiterschutz.

Der Arbeiterschutz ist demnach nicht die gesetzliche Beschränkung des Arbeitsvertrages, das ist vielmehr lediglich derjenige Teil des Arbeitsvertragsrechts, der zwingender Natur ist, nichtsdestoweniger aber doch ein Bestandteil des Vertragsinhaltes bleibt und gegenseitige Rechte und Pflichten erzeugt. Der Arbeiterschutz besteht vielmehr aus einer Summe einseitiger öffentlichrechtlicher Pflichten der Arbeitgeber, denen ein Recht der Arbeitnehmer nicht gegenübersteht. Das Arbeiterschutzrecht ist demnach auch kein Bestandteil des Arbeitsvertragsrechts, sondern eine selbständige Materie, die lediglich in einem äußerlichen Zusammenhang mit dem Arbeitsvertrag steht, wie die Arbeiterversicherung, oder besser nicht einmal mit dem Arbeitsvertrag, sondern mit der Tatsache der unselbständigen Beschäftigung anderer Personen. Während aber bei der Arbeiterversicherung dem Arbeitnehmer auf Grund der Tatsache

einer unselbständigen Beschäftigung einseitige öffentliche Rechte
gegenüber der Staatsgewalt eingeräumt werden, nämlich Ansprüche
auf Gewährung einer Entschädigung in bestimmten Schadensfällen [1]), legt der Arbeiterschutz auf Grund des Abschlusses
eines Arbeitsvertrages bzw. auf Grund der Tatsache einer unselbständigen Beschäftigung dem Arbeitgeber einseitige öffentlichrechtliche Pflichten gegenüber der Staatsgewalt auf,
nämlich, wie sogleich zu behandeln sein wird, Pflichten zu einem
bestimmten fürsorglichen Verhalten in bezug auf die Beschäftigung
seiner Arbeitnehmer. Im Gegensatz zu diesen einseitigen
der Staatsgewalt gegenüber begründeten öffentlichrechtlichen Rechten oder Pflichten der Arbeitnehmer bzw.
Arbeitgeber, die lediglich äußerlich an die Tatsache eines
Beschäftigungsverhältnisses geknüpft sind, regelt dagegen das
Arbeitsvertragsrecht die gegenseitigen privatrechtlichen Rechte und Pflichten von Arbeitgeber und Arbeitnehmer aus dem Arbeitsvertrage und damit den eigentlichen
Inhalt des Beschäftigungsverhältnisses, und ergänzt, soweit es
ein Sondervertragsrecht bestimmter Personenklassen bildet (der
Arbeiter, Hausgewerbtreibenden, Angestellten usw.), welches zur
Hebung der sozialen Lage dieser Klassen geschaffen ist, das zum
gleichen Zweck für diese Klassen bestehende Sonderrecht der
Sozialversicherung und des sozialen Schutzes zum Gesamtbild des
Sozialrechts [2]) [3]) [4]) [5]).

---

[1]) Vgl. Kaskel-Sitzler a. a. O. S. 37 ff. u. 46 ff.

[2]) Ein vierter, freilich noch völlig in der Entwicklung begriffener Teil
des Sozialrechts ist das „Soziale Verbandsrecht", das im Gegensatz
zum Sozialen Vertragsrecht, welches die Rechte und Pflichten von Arbeitgeber und Arbeitnehmer gegeneinander behandelt, für bestimmte Personenklassen (Arbeiter, Angestellte, Hausarbeiter usw.) die Rechte und Pflichten,
die einerseits die Arbeitgeber, anderseits die Arbeitnehmer untereinander
haben, zum Gegenstande hat (Soziale Organisation und Repräsentation).

[3]) Zum sozialen Vertragsrecht, nicht zum Schutzrecht, gehört auch der
„Arbeitgeberschutz", den Jastrow a. a. O. S. 332/333 u. Schenkel (Fleischmann) a. a. O. S. 150 nicht recht unterzubringen wissen, also die Bestimmungen,
die den Arbeitgeber gegen Kontraktbruch des Arbeiters sichern sollen. Hier
handelt es sich um eine dem Arbeiterschutz geradezu entgegengesetzte Bestimmung, die daher nicht zum Arbeiterschutz gehören kann.

[4]) Die Ausführungen von Jastrow S. 501 ff. erledigen sich dadurch, daß
der Begriff des Vertrages nicht auf das Privatrecht beschränkt ist; zu vgl.
Kormann, System der rechtsgeschäftlichen Staatsakte, S. 29 ff. Bei der hier
vorgenommenen Unterscheidung zwischen Arbeitsschutzrecht und Arbeitsvertragsrecht ist dies freilich von geringer Bedeutung.

[5]) Trotz der genannten Fehler war die Konstruktion, die den Arbeiter-

Daß auch die Gesetzgebung diesen Unterschied zwischen Arbeiterschutz und Arbeitsvertrag empfunden und bewußt ausgestaltet hat, geht daraus hervor, daß sie im Falle des Streites über die Verwirklichung der Pflichten verschiedene staatliche Organe in beiden Fällen eintreten läßt: Die Verwirklichung der öffentlichrechtlichen Pflichten der Arbeitgeber, deren Gesamtheit das Arbeiterschutzrecht bildet, geschieht durch die Behörden der Gewerbeaufsicht, die Verwirklichung der privatrechtlichen Pflichten der Arbeitgeber aus dem Arbeitsvertrage geschieht durch die Gewerbe- und Kaufmannsgerichte.

Daß der Gesetzgeber jene beiden Arten von Pflichten als verschiedenartig angesehen hat, geht ferner daraus hervor, daß er bisweilen beide Wege zur Erreichung desselben Zieles nebeneinander eingeschlagen hat, also Rechtsnormen mit dem gleichen Inhalt sowohl als zwingende Normen zur Regelung des Arbeitsvertrages vorgeschrieben, wie auch die Befolgung der gleichen Normen zur öffentlichrechtlichen Pflicht erhoben hat, deren Nichtbefolgung nicht nur privatrechtliche Nichtigkeit und die Verpflichtung zur Zahlung von Schadenersatz zur Folge hat, sondern polizeilichen Zwang und Strafe.

Dies ist einmal geschehen hinsichtlich einer Zahlung des Lohnes, welche den Bestimmungen des § 115 G.O. nicht entspricht. Eine solche Zahlung ist nicht nur nach § 116 G.O. zivilrechtlich für ungültig erklärt, sodaß Arbeiter, deren Forderungen in einer dem § 115 widersprechenden Weise berichtigt worden sind, zu jeder Zeit Zahlung nach Maßgabe des § 115 verlangen können, ohne daß ihnen eine Einrede aus dem an Zahlungsstatt Gegebenen entgegengesetzt werden kann; es sind ferner nicht nur Verträge, welche dem § 115 zuwiderlaufen, in § 117 G.O. ausdrücklich für nichtig erklärt; sondern es ist dem Unternehmer neben der zivilrechtlichen auch eine öffentlichrechtliche Pflicht zur Barentlohnung auferlegt und die Nicht-

---

schutz als Bestandteil des Arbeitsvertrages ansah, für die Erkenntnis der Rechtsnatur des Arbeiterschutzes von wesentlicher Bedeutung. Denn sie hat darauf hingewiesen, daß der Arbeiterschutz sich nicht in den Bestimmungen der Gewerbeordnung erschöpft, sondern daß seine Quellen überall da fließen können, wo Arbeit verrichtet wird, vor allem in der Berggesetzgebung und in der Seemannsordnung; vgl. Jastrow a. a. O. S. 318. Durch das Erfordernis der vertraglich oder sogar gegen Entgelt zu leistenden Arbeit einerseits, den Mangel des Merkmals der Sonderrechtsregelung für bestimmte soziale Klassen andererseits fehlt es aber dieser Konstruktion an der festen, dem geltenden Recht entsprechenden Grenzziehung.

erfüllung dieser Pflicht in § 146 Abs. I Nr. 1 G.O. in gleicher Weise wie die Übertretung der sonstigen Arbeiterschutzbestimmungen mit Strafe bedroht.

Noch deutlicher ergibt sich der Standpunkt der Gesetzgebung aus der doppelten Regelung des Betriebsschutzes der Handlungsgehilfen. Schon nach § 62 Abs. I H.G.B. war der Prinzipal verpflichtet, „die Geschäftsräume und die für den Geschäftsbetrieb bestimmten Vorrichtungen und Gerätschaften so einzurichten und zu unterhalten, auch den Geschäftsbetrieb und die Arbeitszeit so zu regeln, daß der Handlungsgehilfe gegen eine Gefährdung seiner Gesundheit, soweit die Natur des Betriebes es gestattet, geschützt und die Aufrechterhaltung der guten Sitten und des Anstandes gesichert" war. Diese Verpflichtung war zwingendes Recht, sie konnte nach § 62 Abs. IV H.G.B. nicht im voraus durch Vertrag aufgehoben oder beschränkt werden. Durch die Novelle zur Gewerbeordnung von 1900 wurde neben dieser bisher lediglich privatrechtlichen Vertragspflicht des Prinzipals gegenüber den Handlungsgehilfen bezüglich der Angestellten in offenen Verkaufsstellen eine inhaltlich gleiche öffentlichrechtliche Pflicht des Prinzipals gegenüber der Staatsgewalt begründet, indem der neu eingefügte § 139g G.O. die Polizeibehörden ermächtigte, „im Wege der Verfügung diejenigen Maßnahmen anzuordnen, welche zur Durchführung der im § 62 Abs. I H.G.B. enthaltenen Grundsätze in Ansehung der Einrichtung und Unterhaltung der Geschäftsräume und der für den Geschäftsbetrieb bestimmten Vorrichtungen und Gerätschaften sowie in Ansehung der Regelung des Geschäftsbetriebes erforderlich und nach der Beschaffenheit der Anlage ausführbar erscheinen". Die privatrechtlichen Bestimmungen des Handelsgesetzbuches über den Arbeitsvertrag blieben daneben unberührt bestehen.

Der Arbeiterschutz ist demnach eine Summe öffentlichrechtlicher Pflichten der Arbeitgeber, welche angeknüpft sind an die Tatsache einer unselbständigen Beschäftigung von Arbeitnehmern[1]).

---

[1]) Eine Trennung von Arbeiterschutz und Arbeitsvertrag scheint auch Schenkel (Fleischmann) a. a. O. für erforderlich zu halten, da er beide Materien unter getrennten Überschriften behandelt (S. 149 ff. bzw. 173 ff.). Nach welchen Gesichtspunkten er diese Trennung vornehmen will, ist freilich nicht ganz klar, da er z. B. den Vertragschutz dem Arbeiterschutz zuweist (S. 150), trotzdem aber beim Arbeitsvertrag behandelt (S. 153).

IV.

Damit ist indessen für die Bestimmung der rechtlichen Natur des Arbeiterschutzes erst ein einziges Element gewonnen. Die Verknüpfung öffentlichrechtlicher Pflichten mit einer bestimmten beruflichen Tätigkeit ist keine Besonderheit des Rechtsinstituts des Arbeiterschutzes, sondern findet sich auch bei einer Anzahl anderer Rechtsmaterien; so sind z. B. mit der Tätigkeit als Rechtsanwalt, als Arzt usw. öffentlichrechtliche Pflichten verbunden[1]. Ja auch die Verknüpfung jener Pflichten mit der Tatsache der unselbständigen Beschäftigung von Arbeitnehmern ist kein Merkmal, durch das sich der Arbeiterschutz von allen anderen Rechtsinstituten unterschiede, denn auch in der Arbeiterversicherung ist die Beitragspflicht des Arbeitgebers an die Tatsache der unselbständigen Beschäftigung von Arbeitnehmern geknüpft. Zum Verständnis der Eigenart derjenigen öffentlichrechtlichen Pflichten der Arbeitgeber, deren Gesamtheit den Arbeiterschutz bildet, bedarf es vielmehr noch der Klarstellung ihres **Inhalts**.

Was also ist der Inhalt jener öffentlichrechtlichen Pflichten der Arbeitgeber, was ist, wie man es nicht ganz korrekt ausgedrückt hat, der „Gegenstand des Arbeiterschutzes"?

Gegenstand des Arbeiterschutzes ist nicht, wie vielfach gelehrt wird, die „Nichtausbeutung der Arbeitskraft". Eine solche Definition wäre zu eng.

Einmal hat der Arbeitgeber nicht nur negative Pflichten zur Unterlassung, zur Nichtausbeutung, sondern auch positive Pflichten zu einem bestimmten Tun. So darf er ein bestimmtes Verhalten seiner Arbeiter nicht dulden, ihnen den Aufenthalt, das Einnehmen der Mahlzeiten usw. im Arbeitsraum nicht gestatten, muß Vorschriften über ihr Verhalten erlassen und die Befolgung dieser Vorschriften beaufsichtigen[2]), er muß den Arbeitsraum, das Arbeitsgerät in bestimmtem Zustand erhalten[3]), muß die Schutzvorrichtungen nicht nur zur Verfügung stellen, sondern auch dafür sorgen, daß sie tatsächlich benutzt werden[4]),

---

[1]) Vgl. z. B. Kaskel, Begnadigung im ehrengerichtlichen Verfahren der freien Berufsstände, S. 92/93.
[2]) Vgl. oben S. 10 Anm. 2—4.
[3]) Vgl. § 120a u. b Gew.O.
[4]) Vgl. z. B. die oben S. 9 Anm. 1 angeführten Bekanntmachungen des Reichskanzlers über Akkumulatoren §§ 13 und 20 Nr. 2, Alkalichromate §§ 7 und 15 Nr. 2, Bleifarbenfabriken §§ 16 und 20 Nr. 4, Bleihütten §§ 16 und 20

er muß Jugendliche zum Besuch des Fortbildungsunterrichts anhalten und den Schulbesuch überwachen¹) usw. Die Pflicht des Arbeitgebers beschränkt sich demnach nicht lediglich auf jenes Unterlassen, wie es die **Nichtausbeutung** der Arbeitskraft wäre, sondern auf ein positives Verhalten, welches auf die **Erhaltung** der Arbeitskraft abzielt. Dieses Verhalten kann man im Anschluß an den rechtlichen Sprachgebrauch in ähnlichen Fällen, wenn eine Pflicht zu positiver „Sorge" besteht, sowie im Anschluß an den Sprachgebrauch des Kaiserlichen Erlasses über Arbeiterschutz als eine **Pflicht zu einer bestimmt gearteten Fürsorge** bezeichnen. Der Inhalt der öffentlichrechtlichen Pflichten der Arbeitgeber, deren Gesamtheit das Arbeiterschutzrecht bildet, besteht demnach in einer **Fürsorge für die von ihnen Beschäftigten**.

Diese Fürsorgepflicht ist aber auch nicht auf die Arbeitskraft beschränkt²). Wohl bildete deren Erhaltung in den ersten Stadien des Arbeiterschutzes, solange dieser Schutz auf die Beschäftigung von Jugendlichen und Frauen sowie auf einen Schutz gegen Betriebsgefahren beschränkt war, den einzigen Gegenstand der Fürsorge. Längst ist aber diese Beschränkung fallen gelassen. Schon die in dem Verbot des Trucksystems den Arbeitgebern auferlegte Pflicht zur Barentlohnung ging über den Schutz der körperlichen Arbeitskraft hinaus. Erheblich weiter zog der Kaiserliche Erlaß vom 4. Februar 1890 die Grenze des sozialen Schutzes in den Worten, es sollten durch diesen Schutz auch „die wirtschaftlichen Bedürfnisse der Arbeiter und ihr Anspruch auf gesetzliche Gleichberechtigung gewahrt werden", indem er damit die gesamte wirtschaftliche Stellung dem Schutz unterstellte. Die neue Gesetzgebung endlich geht dazu über, neben dem Körper und dem Geldbeutel auch die eigentliche Persönlichkeit, die idealen Güter des Menschen, zu schützen, indem sie durch Bestimmungen über zeitigen Ladenschluß, Feiertagsruhe, Fortbildungsschule auch die Möglichkeit eines Familienlebens, einen Anteil am Lebensgenuß und eine geistige Ausbildung ermöglichen will.

Nr. 3, Roßhaarspinnereien §§ 14 u. 16 Nr. 1, Malerwerkstätten §§ 4 u. 9 Nr. 3, Vulkanisierung von Gummiwaren § 15 Nr. 2.

¹) §§ 120 und 139i Gew.O.

²) Oder wenigstens nur dann, wenn man mit v. Zwiedineck-Südenhorst, Arbeiterschutz und Arbeiterversicherung, S. 16, in der Arbeitskraft nur das „mittelbare Objekt" des Arbeiterschutzes sieht.

Die Fürsorgepflicht der Arbeitgeber erstreckt sich also außer auf die Erhaltung und Festigung der körperlichen Arbeitskraft auch auf die Erhaltung und Festigung der wirtschaftlichen Stellung sowie auf die Entwicklung der Persönlichkeit der Arbeitnehmer.

Diese Fürsorgepflicht der Arbeitgeber ist indessen keine allgemeine, die etwa das gesamte Leben des Arbeitnehmers umfaßte. Wie vielmehr die Pflicht zur Fürsorge an die Tatsache der unselbständigen Beschäftigung der Arbeitnehmer geknüpft ist, so ist sie auch lediglich auf diese Beschäftigung beschränkt[1]), zu einer Fürsorge bezüglich der Arbeiter außerhalb ihrer Beschäftigung besteht für die Arbeitgeber keinerlei Pflicht und — mit Ausnahme der Jugendlichen[2]) — auch nicht einmal ein Recht.

Aber auch nicht einmal die gesamte Beschäftigung des unselbständigen Arbeiters unterliegt der Fürsorgepflicht des Arbeitgebers. Der Arbeiterschutz hat sich vielmehr schrittweise entwickelt, und nach und nach sind immer neue Seiten der Beschäftigung einer Fürsorgepflicht unterstellt worden. Diese Fürsorgepflicht besteht daher nur soweit, als die Gesetzgebung eine solche Fürsorge verlangt. Soweit durch positive Vorschriften eine Erstreckung der Fürsorgepflicht dagegen nicht ausdrücklich oder stillschweigend ausgesprochen ist, fehlt eine solche Pflicht. Die Fürsorgepflicht des Arbeitgebers besteht also nur insoweit, als das objektive Recht dem Arbeitgeber eine solche Pflicht auferlegt, und dies ist bisher nicht bezüglich des gesamten Beschäftigungsverhältnisses geschehen. Sondern wie in der Sozialversicherung nicht jede Einbuße eines unselbständig Beschäftigten Entschädigungsansprüche erzeugt, sondern nur bestimmte „entschädigungspflichtige Tatbestände" oder Versicherungsfälle (Krankheit, Wochenbett, Unfälle, Invalidität, Tod des Ernährers), so sind im Arbeiterschutzrecht nicht alle Seiten des Beschäftigungsverhältnisses, sondern nur bestimmte Seiten desselben der Fürsorgepflicht unterstellt, nämlich Art, Zeit und Bedingungen der Beschäftigung. Und auch der Schutz dieser Seiten der Beschäftigung ist nicht für alle geschützten Personen in einheitlicher Weise geregelt, sondern unter Berücksichtigung einmal der natürlichen Verschiedenartigkeit der Arbeiterindividuen und ihrer Arbeitskräfte nach Gesundheit, Lebensalter und Geschlecht, andererseits der Verschiedenartigkeit der einzelnen Arbeitsprozesse

---
[1]) Richtig v. Zwiedineck-Südenhorst a. a. O. S. 7.
[2]) Zu vgl. § 134b Abs. III Satz 2 Gew.O.

nach Kräfteverbrauch, Gefährlichkeit und Gesundheitsschädlichkeit[1]).

V.

Damit ist der Inhalt jener Pflichten, deren Gesamtheit den Arbeiterschutz bildet, umschrieben. Als letztes Element zur Bestimmung der rechtlichen Natur des Arbeiterschutzes bedarf es jetzt noch der Feststellung der besonderen **sozialrechtlichen Eigenart** des neuen Rechtsinstitutes, die sich in einer **besonderen Qualifikation der Beziehungspunkte** jener Pflichten äußert.

Eine öffentlichrechtliche Pflicht der Arbeitgeber zu einem fürsorglichen Verhalten bezüglich der Beschäftigung ihrer Arbeitnehmer oder, wie sie nunmehr kurz genannt werden soll, eine „Fürsorgepflicht" der Arbeitgeber, besteht nämlich nicht in allen Fällen, in denen überhaupt ein Arbeitgeber einen Arbeitnehmer in unselbständiger Stellung beschäftigt. Eine solche Pflicht ist vielmehr von der Gesetzgebung lediglich in solchen Fällen eingeführt worden, in denen ein **besonderes Schutzbedürfnis** anerkannt wurde. Hierbei ist aber die Gesetzgebung, ebenso wie in der Sozialversicherung, **nicht von der Schutzbedürftigkeit des einzelnen Beschäftigten** ausgegangen, wie dies bei der Armenfürsorge geschieht, sondern von der Schutzbedürftigkeit ganzer **sozialer Stände**. Der erste Stand, für den eine Schutzgesetzgebung erlassen wurde, waren die Fabrikarbeiter. Die Entstehung dieses neuen Standes und seine Lage bei seinem Eintritt in die Wirtschaftsgeschichte hatte ja (vgl. oben S. 3) überhaupt die Aufrollung der sozialen Frage und damit den Gedanken eines Sozialrechts hervorgerufen. Indessen zeigten sich ähnliche Mißstände wie bei den Fabrikarbeitern nach und nach auch bei anderen Berufsständen, und die Gesetzgebung trug diesem Umstande Rechnung, indem sie Schritt für Schritt auch auf diese Berufsstände den neuen Schutz ganz oder teilweise erstreckte. So wurde der Arbeiterschutz von den ursprünglich allein geschützten Fabrikarbeitern auch auf die Arbeiter in Handwerk und Hausindustrie ausgedehnt, wurden die Bergleute, die Schiffsmannschaft, die kaufmännischen Angestellten, die landwirtschaftlichen Arbeiter[2]) einer Fürsorgepflicht des Arbeitgebers

---
[1]) v. Zwiedineck-Südenhorst, Arbeiterschutz u. Arbeiterversicherung, S. 8.
[2]) Nämlich in den Unfallverhütungsvorschriften der landwirtschaftlichen Berufsgenossenschaften.

unterstellt, ja es wurde der Schutz nicht nur auf die vorwiegend körperlich arbeitenden Personenklassen, sondern auch auf die hauptsächlich nur leitenden und beaufsichtigenden Betriebsbeamten erstreckt. Der Arbeiterschutz war zu einem sozialen Schutz geworden.

Immer aber knüpfte die weitere Erstreckung des Arbeiterschutzes an die **Zugehörigkeit zu einer bestimmten sozialen Klasse** an, so daß das soziale Schutzrecht ebenso wie das soziale Versicherungsrecht ein Sonderrecht bestimmter sozialer Klassen, also ein Sozialrecht blieb.

Die Fürsorgepflicht des Arbeitgebers wurde also gegenüber den sämtlichen Angehörigen **bestimmter sozialer Klassen** begründet. Nur wer jenen Klassen angehörte, war der Fürsorgepflicht unterstellt, wer ihnen angehörte, unterstand ihr aber ohne weiteres kraft Gesetzes.

VI.

Hiernach ist der soziale Schutz zu definieren als die Gesamtheit der öffentlichrechtlichen dem Staate gegenüber begründeten Pflichten eines Arbeitgebers zur Fürsorge inbezug auf die Beschäftigung seiner Arbeitnehmer, Pflichten, welche an die Tatsache der unselbständigen Beschäftigung von Mitgliedern bestimmter sozialer Klassen geknüpft sind. Das soziale Schutzrecht enthält die Gesamtheit der Rechtsnormen, in denen jene Fürsorgepflicht und ihre Durchführung geregelt wird.

VII.

Diesen gesamten Ausführungen zur Entwicklung einer rechtlichen Theorie des Arbeiter-(Sozialen-)schutzes könnte man **entgegenhalten**, daß sie lediglich die Pflichten des Arbeitgebers berücksichtige, während sich die doch zweifellos zum Arbeiterschutz gehörigen Vorschriften über den **Betriebsschutz** (Schutz gegen Betriebsgefahren), vor allem die Vorschriften über Unfallverhütung, **auch an die Arbeitnehmer wenden** und die Übertretung bestimmter Vorschriften durch diese sogar mit Strafe bedrohen. Ich glaube, daß ein solcher Einwand einer genaueren Prüfung nicht standhält.

Ich will davon absehen, daß diejenigen Vorschriften, welche sich an die Arbeitnehmer wenden, im Verhältnis zu denen, die den Arbeitgebern Pflichten auferlegen, selbst im Gebiete des Betriebsschutzes an Zahl und Bedeutung verschwindend gering sind. Entscheidend dürfte vielmehr folgendes sein:

Eine Anzahl von Pflichten zur Fürsorge in bezug auf die Verhütung von Betriebsgefahren, die dem Arbeitgeber obliegen, lassen sich schlechterdings nur verwirklichen, wenn der Arbeitnehmer sich der Erfüllung nicht widersetzt: Ist der Arbeitgeber verpflichtet, die Arbeit an einer Maschine möglichst gefahrlos zu gestalten, so helfen alle Gitter und Schutzvorrichtungen nichts, wenn der Arbeiter sie abreißt, alle Schutzkleider, Schutzbrillen, Respiratoren usw. nichts, wenn der Arbeiter sie nicht benutzt. Sollte daher dem Arbeitgeber die Verpflichtung zur Fürsorge für die Arbeitnehmer auferlegt werden, so konnte diese Pflicht hier nur verwirklicht werden, wenn auch dem Arbeitnehmer korrespondierende Pflichten auferlegt wurden. Diese Pflichten haben aber keine selbständige Bedeutung und können daher die entwickelte, auf der Fürsorgepflicht des Arbeitgebers aufgebaute Theorie des Arbeiterschutzes nicht beeinträchtigen, diese Pflichten sind vielmehr lediglich sekundärer Natur, d. h. sie dienen der Verwirklichung der Fürsorgepflicht des Arbeitgebers, welche ohne diese korrespondierende Pflicht in der Luft schweben würde. Es ist nicht anders wie in der Sozialversicherung, die sich auf dem Entschädigungsanspruch der Arbeitnehmer aufbaut, wenn auch zur Verwirklichung des Entschädigungsanspruches den Arbeitgebern Pflichten zur Beitragsleistung auferlegt werden mußten. Denn wie eine Entschädigung nur auf Grund von bereiten Geldmitteln ausgezahlt werden kann, die daher eben beschafft werden müssen, um die Entschädigung auszahlen zu können, so kann eine Fürsorge nur gewährt werden, wenn diejenige Person, die jener Fürsorge teilhaftig werden soll, durch Bereitwilligkeit des Empfangens die Möglichkeit dazu schafft. In beiden Fällen handelt es sich also lediglich um ein Mittel zur Verwirklichung, nicht um ein selbständiges Rechtsinstitut.

Ein zweiter Einwand gegen die entwickelte Theorie des Arbeiterschutzes könnte aus dem Schutz der Hausarbeiter hergeleitet werden, wie er im Hausarbeitgesetz vom 20. Dez. 1911 geregelt ist. Denn dort werden in einer Reihe von Fällen die besonderen Pflichten nicht den Arbeitgebern, sondern anderen Personen auferlegt.

Auch ein solcher Einwand wäre indessen nicht zutreffend.

Nicht alle im Hausarbeitgesetz geregelten Pflichten sind nämlich schutzrechtlicher Art. Um die verschiedenartigen Pflichten bezüglich der Hausarbeit richtig zu verstehen und sie in das Gesamtbild des Arbeiterschutzes eingliedern zu können, muß man vielmehr drei verschiedene Gruppen von Bestimmungen unterscheiden:

Die erste Gruppe bilden die Vorschriften über Vertragschutz, also diejenigen Vorschriften, welche die wirtschaftliche Stellung der Hausarbeiter als Vertragsgegner zum Gegenstand haben. Hier besteht stets die Möglichkeit, einem Arbeitgeber die Pflicht zu einem fürsorglichen Verhalten aufzuerlegen. Dies ist daher auch bezüglich der Hausarbeiter geschehen; die Bestimmungen über den Vertragschutz der Hausarbeiter gliedern sich also in vollem Umfang in das Gefüge des sozialen Schutzes ein und erschöpfen sich in der Auferlegung öffentlichrechtlicher Pflichten an die Arbeitgeber[1]).

Die zweite Gruppe von Bestimmungen hat die Art und die Zeit der Arbeit zum Gegenstande. Die einzelnen Bestimmungen hierüber enthalten die §§ 6 und 10 Hausarb.G.

Auch hier ist die Regelung im wesentlichen in der Weise erfolgt, daß den Arbeitgebern Pflichten zu einem fürsorglichen Verhalten auferlegt wurden, soweit eine solche Auferlegung aus tatsächlichen Gründen überhaupt möglich war.

Eine solche Regelung ist restlos bezüglich des Schutzes der Arbeitszeit vorgenommen, der in der Weise durchgeführt ist, daß

---

[1]) So ist nach § 3 Hausarb.G. in den Räumen, in denen Arbeit für Hausarbeiter ausgegeben oder Arbeit solcher Personen abgenommen wird, den Hausarbeitern durch offene Auslage von Lohnverzeichnissen oder Aushängen von Lohntafeln die Möglichkeit zu geben, sich über die Löhne zu unterrichten, die für die einzelnen in diesen Räumen zur Ausgabe gelangenden Arbeiten jeweilig bezahlt werden; auch kann der Bundesrat anordnen, daß, soweit das Arbeitsentgelt in Preisen zum Ausdruck kommt, die Preise in der angegebenen Weise bekannt gemacht werden. Für diese Räume kann ferner die zuständige Polizeibehörde hinsichtlich der Einrichtung der Betriebsstätte und der Regelung des Betriebes anordnen, was zur Vermeidung einer durch die Natur des Betriebes nicht gerechtfertigten Zeitversäumnis der Hausarbeiter bei der Empfangnahme oder Ablieferung von Arbeit erforderlich und nach der Natur der Anlage ausführbar erscheint. Endlich ist nach § 4, wer Arbeit für Hausarbeiter ausgibt, verpflichtet, denjenigen, welche Arbeit entgegennehmen, auf seine Kosten Lohnbücher oder Arbeitszettel auszuhändigen, welche Art und Umfang der Arbeit sowie die dafür festgesetzten Löhne und Preise enthalten.

In allen diesen Fällen ist also eine Pflicht, und zwar eine bestimmt geartete Fürsorgepflicht, dem Arbeitgeber auferlegt, deren Verwirklichung nach §§ 2 Nr. 4 u. 17 im regelmäßigen Wege der Gewerbeaufsicht erfolgt.

den Arbeitgebern die Pflicht auferlegt wird, eine Beschäftigung über eine bestimmte Dauer hinaus oder zu bestimmten Zeiten zu unterlassen. Soweit ein Arbeitgeber dagegen nicht vorhanden ist, gibt es in der Hausarbeit auch keinen Arbeitszeitschutz, § 6 Abs. II.

Bezüglich des Betriebsschutzes dagegen, also der Art der Beschäftigung, konnte dem Arbeitgeber eine allgemeine und unmittelbare Pflicht zur Fürsorge nur insoweit auferlegt werden, als der Hausarbeiter in einer dem Arbeitgeber gehörigen oder von ihm beaufsichtigten Werkstätte tätig ist. Für solche Werkstätten ist daher dem Arbeitgeber in den §§ 6 und 10 eine den §§ 120a ff. G.O. entsprechende Pflicht auferlegt worden. Soweit die Hausarbeit dagegen in einer anderen Werkstätte verrichtet wird (zu vgl. § 1 Nr. 2), fehlt die tatsächliche Möglichkeit für den Arbeitgeber, auf die Gestaltung der Art der Arbeit einen unmittelbaren Einfluß auszuüben. Hier konnte daher eine derartige Fürsorgepflicht dem Arbeitgeber nicht auferlegt werden, weil ihm die Möglichkeit zur Erfüllung der Pflicht fehlt.

Sein Einfluß auf die Art der Arbeit kann vielmehr in solchen Fällen höchstens ein mittelbarer sein, indem er an Hausarbeiter, die in Werkstätten arbeiten, welche den Anforderungen des Betriebsschutzes nicht genügen, keine Arbeit ausgibt. Bezüglich solcher Hausarbeiter, welche nicht in einer dem Arbeitgeber gehörigen oder von ihm geleiteten Werkstätte arbeiten, kann dem Arbeitgeber daher nur die Pflicht auferlegt werden, in solchem Falle das Ausgeben der Arbeit zu unterlassen, und tatsächlich hat die Gesetzgebung dem Arbeitgeber eine Pflicht zu einer solchen mittelbaren Fürsorge hinsichtlich des Betriebsschutzes auferlegt[1]).

---

[1]) Einmal darf nämlich der Arbeitgeber nach § 13 Abs. I Nr. 2 Abs. 2, soweit die Beschaffung eines Ausweises darüber vorgeschrieben ist, daß die Räume, in denen Hausarbeit verrichtet wird, den an sie gestellten Anforderungen genügen, Hausarbeit nur für solche Werkstätten ausgeben, für die ein solcher Ausweis vorgelegt wird. Und ferner folgt aus der Strafbestimmung des § 29, daß auch ohne das Erfordernis eines solchen Ausweises der Arbeitgeber verpflichtet ist, die Ausgabe von Hausarbeit in Fällen zu unterlassen, in denen er weiß oder den Umständen nach annehmen muß, daß die Werkstätten, in denen die Arbeit verrichtet wird, den gestellten Anforderungen nicht genügen.

Weitere auf dem Gebiet des Betriebsschutzes liegende Pflichten des Arbeitgebers zu einer mittelbaren Fürsorge enthalten die Vorschriften der §§ 12, 13 Nr. 1, 14 u. 15 über Anzeige, Listenführung und Kontrolle. Zu vgl. auch Begründung, S. 6, 7: „Hierdurch wird jenen Gewerbetreibenden zugleich

Die Verpflichtung zur unmittelbaren Fürsorge ist dagegen nicht dem Arbeitgeber, sondern demjenigen auferlegt worden, welcher „das Verfügungsrecht über den als Werkstätte oder Lagerraum benutzten Raum hat", § 9 Abs. I, § 11. In vielen Fällen wird dies der Arbeitgeber sein. Soweit Arbeitgeber und Verfügungsberechtigter dagegen verschiedene Personen sind, bildet die Vorschrift den Übergang zu den Bestimmungen der dritten Gruppe, nämlich den Vorschriften über die allgemeine Gesundheitspolizei. Wie jedem Hauseigentümer die Verpflichtung auferlegt werden kann, die einem anderen überlassenen Räume in einem den gesundheitspolizeilichen Bestimmungen entsprechenden Zustande zu erhalten, so liegt in diesem Falle mangels einer Verpflichtung des Arbeitgebers eine derartige Pflicht demjenigen ob, der, ohne Arbeitgeber zu sein, lediglich ein Verfügungsrecht über die Werkstätte ausübt. Aber diese Pflicht ist lediglich subsidiär, sie ist keine selbständige Pflicht auf Grund des sozialen Schutzrechts, sondern sie besteht lediglich in Ermangelung einer Vorschrift über soziales Schutzrecht und gehört zusammen mit den Vorschriften der Wohnungsgesetze zur allgemeinen Gesundheits- und Wohnungspolizei.

Die dritte Gruppe von Bestimmungen endlich ergibt sich aus den §§ 7, 9 Abs. II, 10 Abs. II und 11 des Hausarb.G. Danach kann, soweit sich in einzelnen Gewerbszweigen Gefahren für die **öffentliche Gesundheit** ergeben, insbesondere in solchen Gewerbszweigen, welche der Herstellung, der Verarbeitung oder Verpackung von Nahrungs- oder Genußmitteln dienen, die zuständige Polizeibehörde durch Verfügung für einzelne Werkstätten anordnen, wie diese und die Lagerräume einschließlich der Betriebsvorrichtungen, Maschinen und Gerätschaften einzurichten und zu unterhalten sind und wie der Betrieb zu regeln ist, um jene Gefahren auszuschließen. Solche Verfügungen sind, soweit die Hausarbeit nicht auf einer dem Arbeitgeber gehörigen oder von ihm geleiteten Werkstätte ausgeführt wird, **an die Hausarbeiter selbst** zu richten, und für die Beobachtung der Anordnungen sind lediglich die Hausarbeiter verantwortlich.

Auch diese Bestimmung steht der hier entwickelten Theorie des Arbeiterschutzes nicht entgegen. Zwar ist hier die Gesamtheit der Pflichten nicht dem Arbeitgeber, sondern ausschließlich

---

mehr als bisher zum Bewußtsein gebracht, daß ihnen auch hinsichtlich ihrer Hausarbeiter ... **die Pflichten eines Arbeitgebers obliegen**."

den Hausarbeitern selbst auferlegt. Es handelt sich hier auch nicht um lediglich sekundäre Pflichten zur Verwirklichung der prinzipalen Pflicht des Arbeitgebers wie bei dem Betriebsschutz (vgl. oben S. 20/21). Aber auch diese Pflichten der Hausarbeiter gehören gar nicht zum sozialen Schutzrecht. Denn diejenigen Gefahren, gegen die der § 7 Hausarb.G. schützen will, sind, wie dort ausdrücklich ausgesprochen wird, nicht etwa diejenigen Gefahren, welche die Hausarbeiter bedrohen, sondern die „Gefahren für die öffentliche Gesundheit". Diese Bestimmungen enthalten also gar keine sonderrechtliche Regelung des Schutzes bestimmter Personenklassen. Sie enthalten vielmehr eine Vorschrift der allgemeinen Gesundheitspolizei, die lediglich äußerlich aus gesetzestechnischen Gründen in einem sozialen Schutzgesetz Platz gefunden hat, die aber ihrem Inhalt nach nicht hierher, sondern zur Medizinalpolizei gehört, nämlich zu denjenigen Bestimmungen, welche die Verhütung von Krankheiten und die Herstellung allgemeiner Bedingungen für eine gesunde Entwicklung der Bevölkerung bezwecken. Durch die Tätigkeit der Hausarbeiter im Falle des § 7 Hausarb.G. wird nicht ihr eigener Gesundheitszustand, sondern der der Gesamtbevölkerung, insbesondere der Gesundheitszustand der Konsumenten bedroht, und darum wurde nicht nur dem Arbeitgeber die Verpflichtung zu einem den Vorschriften der Gesundheitspolizei entsprechenden Verhalten auferlegt, sondern auch den Hausarbeitern selbst.

Somit steht auch die Regelung des Rechtes der Hausarbeiter der entwickelten Theorie nicht entgegen. Die Grundlage des Arbeiterschutzes bildet in allen Fällen lediglich die Verpflichtung der Arbeitgeber. Und wie die **Arbeiterversicherung** sich aufbaut auf dem den Arbeitnehmern zustehenden, der Staatsgewalt gegenüber begründeten öffentlichrechtlichen **Entschädigungsanspruch**[1]), so basiert der **Arbeiterschutz** auf der den Arbeitgebern obliegenden der Staatsgewalt gegenüber begründeten öffentlichrechtlichen **Fürsorgepflicht**.

VIII.

Die Bestimmung der rechtlichen Natur des Arbeiterschutzes hat wissenschaftliche und praktische Bedeutung.

Die **praktische Bedeutung** liegt vor allem in der Abgrenzung der Zuständigkeit der Behörden. Für die Verwirklichung des Arbeiterschutzes sind grundsätzlich die Beamten der

---

[1]) Kaskel-Sitzler a. a. O. S. 13/14 u. 37 ff.

Gewerbeaufsicht, für die Entscheidung von Streitigkeiten aus dem Arbeitsvertrag dagegen die Gerichte, vor allem die Gewerbe- und Kaufmannsgerichte, zuständig. Soweit lediglich einseitige öffentlichrechtliche Pflichten der Arbeitgeber gegenüber der Staatsgewalt bestehen, liegt eine Bestimmung des Arbeiterschutzes vor und kein Bestandteil des Arbeitsvertrages. Hier kann der Arbeitnehmer daher nicht vor den Gerichten auf die Erfüllung der Fürsorgepflicht klagen, sondern hat sich an die Behörden der Gewerbeaufsicht zu wenden, die von Amtswegen das weitere zu veranlassen haben[1]). Erst wenn infolge der Übertretung der Arbeiterschutzvorschriften ein Schaden entstanden ist, kann der Arbeitnehmer auf Grund des § 823 Abs. II B.G.B. vor den Gerichten Schadenersatzansprüche geltend machen, wobei indessen zu beachten ist, daß die Vorschriften der §§ 898 ff. R.V.O. im Falle eines Betriebsunfalles als die lex specialis der allgemeinen Regelung der Schadenersatzpflicht der §§ 823 ff. B.G.B. vorgehen[2]).

Umgekehrt dürfen die Gewerbeaufsichtsbeamten, soweit es sich lediglich um gegenseitige Rechte und Pflichten aus dem Arbeitsvertrag handelt, nicht im Wege des Zwanges und der Bestrafung vorgehen, sondern haben, soweit Mahnungen zum Frieden nichts helfen, die Beteiligten auf den Weg der Gerichtshilfe zu verweisen.

Dieser allgemeine Grundsatz über die Verteilung der Zuständigkeit bezüglich der Verwirklichung einer dem Gebiet des Arbeiterschutzrechts bezw. des Arbeitsvertragsrechts zugehörigen Pflicht des Arbeitgebers gilt natürlich nur in Ermangelung abweichender gesetzlicher Regelung.

Von größerer Bedeutung ist die Bestimmung der Rechtsnatur des Arbeiterschutzes für die **wissenschaftliche Erkenntnis**.

Die scheinbare Verquickung öffentlichrechtlicher und privatrechtlicher Elemente im Arbeitsvertrag ist dahin zu erklären, daß die öffentlichrechtlichen Elemente kein Bestandteil des Vertragsrechts, sondern nur äußerlich an die Tatsache der unselbständigen Beschäftigung geknüpft sind. Der Arbeitsvertrag ist

---

[1]) Anders soweit inhaltlich gleichartige Vertragspflichten vorgesehen sind, soweit also z. B. der Inhalt des § 120a G.O. in § 618 B.G.B. übernommen ist; vgl. Landmann, Kommentar zur Gewerbeordnung, 6. Aufl., 1912, S. 398.

[2]) Vgl. Kaskel-Sitzler a. a. O. S. 60 f. und S. 379 Anm. 2 u. 3; Moesle-Rabeling, Kommentar zur R.V.O., Vorbem. zu § 898.

ein privatrechtlicher Vertrag, seine Bedingungen unterliegen grundsätzlich der freien Vereinbarung der Beteiligten (§ 105 G.O.); soweit eine gesetzlich zwingende Regelung des Vertragsinhalts vorgenommen ist, gehören auch diese Bestandteile des Arbeitsvertragsrechts dem Privatrecht an, das zwingendes Recht ebenso kennt, wie das öffentliche Recht. Daß die Gesetzgebung für einzelne soziale Klassen ein Sondervertragsrecht, ein „soziales Vertragsrecht", geschaffen hat, ist ebenfalls keine Anomalie, ist doch fast das ganze Handelsrecht ein Sonderschuldrecht der Kaufleute.

Die rechtliche Natur des Arbeiterschutzes ist zugleich entscheidend für die Stellung dieses Rechtsinstitutes im Rechtsganzen.

Folgerichtig weist Jastrow den Arbeiterschutz S. 503 ff. dem „Vertragschutz" zu, worunter er „alle vom Staate gesetzten rechtlichen Beschränkungen des freien Vertragsrechtes" versteht (S. 511), oder besser „den Rahmen des Arbeitsvertrages, der nicht von den vertragschließenden Parteien selbst entworfen wird" (S. 512). Für die wissenschaftliche Weiterentwicklung des Arbeiterschutzes wünscht er sich daher ein allgemeines Werk über Vertragsschutz, und folgerichtig verlangt er von einem solchen Werk, „daß es sich zum strengen Gesetz mache, die Wörter öffentlichrechtlich und privatrechtlich, sowie solche, die nur zu deren Ersatz bestimmt sind, nicht zu gebrauchen". Die letzte Forderung allein beweist, daß man von dieser Konstruktion aus die Stellung des Arbeiterschutzes im Rechtsganzen schlechterdings nicht bestimmen kann.

Nach der hier versuchten Konstruktion gehört der Arbeiterschutz seiner formellen Natur nach zur Lehre von der Verknüpfung öffentlichrechtlicher Pflichten mit einer bestimmten beruflichen Tätigkeit, seinem Inhalt nach zum Sozialrecht, d. h. zu dem Sonderrecht bestimmter sozialer (nach wirtschaftlichen und gesellschaftlichen Momenten abgegrenzter) Personenklassen, das auf Grund der industriellen Entwicklung des vorigen Jahrhunderts zur Hebung der Lebenslage dieser Klassen geschaffen worden ist.

Die Hauptbedeutung einer rechtlichen Theorie des Arbeiterschutzes liegt indessen darin, daß sie eine systematische Erfassung dieses Rechtsgebiets ermöglicht. Gerade für eine Rechtsdisziplin wie den Arbeiterschutz mit seinem alle Rechtssätze so stark überwuchernden verwaltungstechnischen Detail kann erst ein geschlossenes System die Möglichkeit einer Beherrschung des spröden Stoffes bieten.

Das hat auch Jastrow erkannt und daher in den Mittelpunkt seines Aufsatzes „Was ist Arbeiterschutz?" ein auf Grund seiner Konstruktion gewonnenes System dieser Materie gestellt (S. 322 ff.). Solange man an dem polizeilichen Ursprung des Arbeiterschutzes haften blieb, pflegte man die Maßregeln einzuteilen nach den „geschützten Kategorien", je nachdem sie sich auf Kinder, Jugendliche, Frauen bezogen, und als Anhang gemeinsame Bestimmungen anzufügen. Da Jastrow den Arbeiterschutz als Bestandteil des Arbeitsvertragsrechts ansieht, so will er „jede Maßregel bei dem Gegenstand (scil. des Arbeitsvertrages) buchen, auf den sie sich bezieht". Als wichtigste Gegenstände des Arbeitsvertrages bezeichnet er „Arbeitszeit" und „Arbeitslohn". Alle übrigen Bestimmungen will er unter dem Sammelnamen „Arbeitsweise" zusammenfassen, worunter er „alle äußeren Bedingungen der Arbeit" versteht. Zu diesen äußeren Bedingungen zählt er in erster Reihe Raum und Zeit, welch letztere aber bereits anderweitig in seinem System untergebracht ist, sowie ferner den „Schutz der bürgerlichen Rechte, sowie der Persönlichkeit überhaupt". Diesen drei Abschnitten über Arbeitszeit, Arbeitslohn und Arbeitsweise, die den „Inhalt" des Arbeitsvertrages zum Gegenstand haben, will er drei Abschnitte über „die Formalien" des Arbeitsvertrages angliedern, als welche er aufzählt das „Zustandekommen des Arbeitsvertrages" (hier will er u. a. die Arbeitsordnung, die Kollektivverträge und „die Ausrottung von Industrien als Verhinderung von Arbeitsverträgen", z. B. die internationale Konvention über das Phosphorverbot behandeln), die „Auflösung des Arbeitsvertrages" und „die Organe des Arbeiterschutzes".

Dieses System dürfte nicht glücklich sein. Es scheitert vor allem daran, daß zwei voneinander verschiedene Materien promiscue behandelt werden. Der Abschnitt „Arbeitsweise" enthält nicht die nach Jastrow selbst hierhergehörige Arbeitszeit, dagegen die Bestimmungen über den Schutz der bürgerlichen Rechte und der Persönlichkeit, deren Zusammenhang mit den Bestimmungen über den Arbeitsraum wenig einleuchtet. Daß Phosphorgesetz, Tarifvertrag und Arbeitsordnung zusammen behandelt werden, dürfte aus inneren Gründen ebensowenig gerechtfertigt sein.

Dagegen ergibt die Fürsorgepflicht des Arbeitgebers

als Mittelpunkt des Arbeiterschutzes für dieses Rechtsgebiet ein ebenso geschlossenes System, wie der Entschädigungsanspruch als Mittelpunkt der Arbeiterversicherung:

Der Arbeiterschutz beruht juristisch auf der Fürsorgepflicht des Arbeitgebers; das System des Arbeiterschutzes ist daher das System jener Fürsorgepflichten. Und da eine Pflicht zur Fürsorge nicht allgemein besteht, sondern nur bezüglich bestimmter Seiten des Beschäftigungsverhältnisses, so ergibt sich das **System der Fürsorgepflichten durch Aufzählung derjenigen Seiten des Beschäftigungsverhältnisses, bezüglich welcher eine Pflicht zur Fürsorge besteht**[1]).

Eine solche Pflicht besteht einmal bezüglich der **Art und Weise, wie der Arbeitgeber seine Arbeiter zu beschäftigen hat**, um die mit der Arbeit verbundenen Gefahren möglichst zu verringern. Diese Pflichten erstrecken sich auf die zweckentsprechende Herstellung und Unterhaltung des Beschäftigungsraumes (des Arbeitsraumes und der Nebenräume) und des Beschäftigungsgerätes (des zu bearbeitenden Materials, der Maschinen und des Handwerkszeugs) und die Durchführung einer geeigneten Beschäftigungsordnung, d. h. einer Regelung des Verhaltens der beteiligten Personen bei Verrichtung der Arbeit (Aufsicht, Fabrikationsmethode, persönliches Verhalten bei der Arbeit). Die Gesamtheit dieser Pflichten bildet den **Betriebsschutz**.

Eine solche Pflicht besteht ferner bezüglich der **Zeit, wann der Arbeitgeber die Arbeiter zu beschäftigen** bzw. die Beschäftigung zu unterlassen hat, und zwar hinsichtlich der Höchstdauer der Beschäftigung (Maximalarbeitstag und -woche), hinsichtlich der für die Arbeit bzw. für die Ruhe bestimmten Zeiten (Nachtruhe, Sonntagsruhe) und der genügenden Unterbrechung der Arbeit durch zeitliche Zwischenräume (Pausen, arbeitsfreie Tage, Urlaubszeiten). Die Gesamtheit dieser Pflichten bildet den **Arbeitszeitschutz**.

Eine solche Pflicht besteht endlich bezüglich der **vertraglichen Bedingungen, unter denen der Arbeitgeber die Arbeiter zu beschäftigen hat**, um ihre Stellung als ebenbürtiger Vertragskontrahent zu verbürgen. Diese Pflichten erstrecken sich

---

[1]) Im Ergebnis ähnlich Schenkel (Fleischmann) a. a. O., der S. 150 „nach ihrem Gegenstand vier Arten von Arbeiterschutzvorschriften unterscheidet", nämlich: Vertragschutz, Lohnschutz, Betriebsschutz und Beschäftigungsschutz, wobei er freilich privatrechtliche und öffentlichrechtliche Vorschriften nicht trennt und daher S. 153 den Vertragschutz dem Arbeitsvertrag zuweist. Vgl. oben S. 15 Anm. 1.

einmal auf die Erkennbarmachung der Beschäftigungsbedingungen, damit der Arbeiter sich danach richten kann (Arbeitsordnung, Arbeitszettel, Lohnbuch, Lohntafel in der Hausarbeit), andererseits auf die wirtschaftliche Zweckmäßigkeit des Inhalts dieser Bedingungen, insbesondere hinsichtlich der Vergütung der Beschäftigung (Art, Berechnung, Ort und Zeit der Lohnzahlung, Lohnzettel, Vermeidung ungerechtfertigter Zeitversäumnis bei Abnahme der Hausarbeit). Die Gesamtheit dieser Pflichten bildet den Vertragschutz.

Diese dreifachen Pflichten der Arbeitgeber bestehen nun nicht allen geschützten Personen gegenüber in gleichem Maße. Bezüglich bestimmter besonders schutzbedürftiger Gruppen bedarf es vielmehr einer über die normale Fürsorge hinausgehenden besonderen Fürsorge, nämlich bezüglich der Personengruppen mit geringerer körperlicher Widerstandsfähigkeit, als welche in Betracht kommen: Kinder, Jugendliche, Frauen und Kranke. Diesen Personengruppen gegenüber sind daher die allgemeinen (normalen) Fürsorgepflichten nach Art (Betriebsschutz), Zeit (Arbeitszeitschutz) und Bedingungen der Beschäftigung (Vertragschutz) erhöht und qualifiziert.

Die Verwirklichung dieser dreifachen Gruppen von normalen und qualifizierten Pflichten geschieht durch die Gewerbeaufsicht, deren Lehre in einem letzten Abschnitt dem System anzugliedern wäre.

Ein solches System[1]) würde zugleich dem gesetzgeberischen Programm entsprechen, wie es im Kaiserlichen Erlaß vom 4. Februar 1890 enthalten ist, wo als die Aufgabe der Gesetzgebung bezeichnet wird, die „Art der Arbeit" (den Betriebsschutz), die „Zeit und Dauer der Arbeit" (den Arbeitszeitschutz) und die „Wahrung der wirtschaftlichen Bedürfnisse der Arbeiter und ihres Anspruches auf Gleichberechtigung" (den Vertragschutz) zu regeln, nur daß das Wort „Arbeit" besser durch das Wort „Beschäftigung" zu ersetzen ist. Ein solches System würde, von einem einheitlichen Grundgedanken ausgehend, den gesamten Arbeiterschutz in dem hier behandelten Sinne umfassen.

---

[1]) Dies System liegt dem in Bearbeitung befindlichen zweiten Band des Grundrisses des Sozialen Rechts von Kaskel-Sitzler, dem Grundriß des sozialen Schutzrechts zugrunde.

Printed by Libri Plureos GmbH
in Hamburg, Germany